LWS Easy-Buchreihe
(Sachbuch- und Ratgeberreihe)

<u>Lothar W. Schmidt</u>

Deutsche Grammatik
– schnell kapiert!

Der nützliche Deutsch-Helfer
rund um die deutsche Grammatik

Handliches Lernhilfebuch
und Nachschlagewerk
in Schule und Beruf

Die ideale Lernhilfe für Schüler
Mit Checkliste:
"So lernt man lernen"

Einfacher geht's nicht!

LWS Easy-Buchreihe

<u>Impressum:</u>
© 2003 LWS Easy-Buchreihe
Brigitta Schmidt Verlag, Essen
Herstellung: Books on Demand GmbH

Alle Rechte bei der LWS Easy-Buchreihe!

ISBN 3-8311-4091-X

Autor

Lothar W. Schmidt

Anregungen und Verbesserungsvorschläge
sind ausdrücklich erwünscht.

Kontaktaufnahme unter der eMail:
lothar.w.schmidt@uni.de

Weitere Titel der LWS Easy-Buchreihe, Abteilung Bildung

<u>Deutsche Rechtschreibung – schnell kapiert!</u>
Verblüffend einfach – lernpädagogisch sinnvoll!

<u>Deutsch-Profi</u>
Rechtschreibung und Grammatik

<u>Deutsch-Profi (demnächst)</u>
Aufsatz und Stilschreiben

<u>Mathematik – schnell kapiert!</u>
Sekundarstufe 1, lernpädagogisch sinnvoll!

<u>Klausuren und Prüfungen ohne Ängste
schreiben</u>
Mit gezielten Strategien Prüfungsängste
überwinden

Inhaltsverzeichnis

1. Wortlehre/Wortarten

1.1   Das Hauptwort (Substantiv/Nomen)

Hauptwörter benennen **Lebewesen, Gegenstände,** und **Ereignisse.** Sie bezeichnen **Personen, Tiere und Pflanzen, Sachen und Begriffe.** Hierzu gehören auch solche, die nur in der Vorstellungswelt des Menschen vorhanden sind. Hauptwörter bezeichnen demnach **Gegenständliches** (Gegenstandswort) und **Nichtgegenständliches** (Begriffe). So lassen sich Gegenstände tasten (greifen), sehen, riechen oder schmecken, während Begriffe zum Beispiel Gefühle und Eigenschaften bezeichnen.

Wörter, die auf **-ung, -heit, -keit, -nis, -um, -sal, -schaft** enden, gelten ebenfalls als Hauptwörter und werden wie alle anderen Hauptwörter großgeschrieben! Sie werden auch als **unnatürliche** Hauptwörter bezeichnet.

<u>Beispiele [Gegenstandswort/Konkretum]:</u>

Auto, Baum, Gas, Mensch, Tier, Pfeffer, Suppe

<u>Beispiele [Begriffswort/Abstraktum]:</u>

Angst, Freude, Leid, Schmerz, Spaß, Traum

<u>Beispiele ["unnatürliche" Hauptwörter]:</u>

Gangschal<u>tung</u>, Gelassen<u>heit</u>, Fröhlich<u>keit</u>, Zeug<u>nis</u>, Alter<u>tum</u>, Schick<u>sal</u>, Erb<u>schaft</u>,
<u>aber auch:</u>
Addi<u>tion</u>, Reak<u>tion</u>, Mecha<u>nik</u>, Tech<u>nik</u>, usw.

<u>Beachte:</u>

☺ **Substantive und substantivierte Wörter anderer Wortarten (vgl. Abschnitt „substantivierte Tätigkeitswörter", „substantivierte Eigenschaftswörter" und „substantivierte Zeitstufen") werden in der Regel großgeschrieben. Sie führen einen Begleiter bei sich oder könnten gedanklich einen Begleiter (Geschlechtswort) bei sich führen.**

<u>Beispiele</u> **[Hauptwörter/Substantive]:**

<u>das</u> **A**uto, <u>der</u> **B**aum, <u>die</u> **K**atze
<u>den</u> **W**eg, <u>dem</u> **S**pieler
(bestimmte Artikel)

<u>ein</u> **A**uto, <u>eine</u> **K**atze, <u>ein</u> **P**ferd
<u>einen</u> **E**imer, <u>einem</u> **G**espenst,
(unbestimmte Artikel)

<u>das</u> **L**esen, <u>das</u> **S**chreiben, <u>das</u> **W**andern
(substantivierte Verben)

<u>im</u> (in dem) **A**llgemeinen, <u>das</u> **G**ute
(substantivierte Adjektive)

<u>Der</u> zu **S**in<u>gende</u> kam zu spät zur Vorstellung.
<u>das</u> **N**achstehende, <u>das</u> bereits **B**ekannte
substantivierte Partizipien)

<u>Beachte:</u>

☺ **Beziehen sich Eigenschaftswörter (Adjektive)
und Zeitstufen (Partizipien) auf ein vorhergehendes**

oder nachstehendes Substantiv, dann werden sie kleingeschrieben.

Beispiele:

Er isst gerne <u>Bonbons,</u> die leckersten zuerst.
(vorhergehendes Substantiv = Bonbons)

Er ist der bekannteste von allen <u>Schülern.</u>
(nachstehendes Substantiv = Schülern)

1.2   Das Geschlechtswort (Artikel)

Geschlechtswörter sind die **Begleiter von Hauptwörtern** (vgl. Regel zu den Hauptwörtern). So kann einem Hauptwort entweder **der, die, das, des, den, dem** oder **ein, eine, ein, einer, einen, einem** voraus gehen!

<u>Beispiele:</u>

Es war **der** Baum voller Blätter.
Er hat in **einen** Eimer getreten.
Er ist **einem** Gespenst begegnet.
Mein Vater ist **ein** guter Fahrer.
Wir haben neulich **eine** Bekannte getroffen.
Sie hat uns **den** kürzesten Weg gezeigt.
Wir wünschen **dem** Spieler viel Glück!
Das Auto **des** Fahrers war stark beschädigt.
Er war **des** Autofahrens überdrüssig.

1.3   Das Tätigkeitswort (Verb)

Tätigkeitswörter werden auch als **Zeit-wörter** bezeichnet und benennen eine Tätigkeit. Sie sagen etwas darüber aus, was jemand tut, getan hat oder tun wird.

Während Tätigkeitswörter **(Vollverben)** die Tätigkeit benennen, geben die Zeitwörter **(Hilfsverben)** an, in welcher Zeit die Tätigkeit geschieht. Zeitwörter sagen also etwas darüber aus, ob jemand gerade etwas tut (Gegenwart), getan hat (Vergangenheit) oder noch tun wird (Zukunft). Daher werden sie als Hilfsverben bezeichnet. Denn sie helfen uns, Tätigkeiten in verschiedene Zeiten zu setzen. Neben den Voll- und Hilfsverben gibt es noch die **Möglichkeitsverben,** die auch als Modalverben bezeichnet werden. Die Grundform von Verben: <u>Endung *-en*</u>. Die Grundform wird auch als **Infinitiv** bezeichnet!

<u>Beispiele zu den **Voll**verben:</u>

essen, geben, lesen, nehmen, rechnen, schreiben

<u>Beispiele zu den **Hilfs**verben:</u>

haben, sein, werden (ungebeugt)!

<u>Beispiele zu den **Modal**verben:</u>

dürfen, können, lassen, mögen, müssen, sollen, wollen

☺ **Verben werden i. d. R. kleingeschrieben. Sie können ungebeugt (Grundform/Infinitiv) oder gebeugt (Zeitform/Tempus) sein.**

Beispiele [**Grund**form]:

geh**en**, lauf**en** (Endung **-en** ➪ ungebeugt)

Beispiele [**Zeit**form]:

Ich gehe, ich laufe, ich schlafe
(Gegenwart/Präsens, jetzt ➪ gebeugt)

ich ging, ich lief, ich schlief
(Vergangenheit/Präteritum, damals ➪ gebeugt)

ich bin gegangen, ich bin gelaufen,
ich habe geschlafen
(Vergangenheit/Perfekt, soeben vorbei ➪ gebeugt)

ich war gegangen, ich war gelaufen,
ich hatte geschlafen
(Vergangenheit/Plusquamperfekt, längst vorbei
➪ gebeugt)

ich werde gehen, ich werde laufen,
ich werde schlafen
(Zukunft I/Futur I, demnächst ⇨ gebeugt)

ich werde gegangen sein, ich werde gelaufen sein,
ich werde geschlafen haben
(Zukunft II/Future II, wird gewesen sein ⇨ gebeugt)

1.4   Das Eigenschaftswort (Adjektiv)

Eigenschaftswörter sagen etwas über die **Eigenschaft** von **Lebewesen, Gegenständen** oder eines **Geschehens** aus. Das Eigenschaftswort ist somit ein **Beiwort zum Hauptwort.** Eigenschaftswörter bezeichnen demnach einen **Zustand** und haben oft die Endungen

-lich, -isch, -ig, -los, -sam, -voll, -bar, -haft.

Bei Eigenschaftswörtern lässt sich nach dem "**Wie** ist jemand oder etwas?" fragen.

<u>Beispiele:</u>

heim<u>lich</u>, prak<u>tisch</u>, läs<u>tig</u>, kraft<u>los</u>, ein<u>sam</u>,
geheimnis<u>voll</u>, wunder<u>bar</u>, schmack<u>haft</u>

rot, gelb, dick, dünn, klug, dumm, schnell, langsam,
neu, alt, hell, dunkel, kalt, warm, schlecht, gut

<u>Beachte:</u>

☺ **Adjektive werden i. d. R. kleingeschrieben. Sie
können gebeugt bzw. gesteigert werden (vgl. Abschnitt „Beugung von Eigenschaftswörtern").**

<u>Beispiele [Beugung]:</u>

Es ist gelb. Es ist gelb**lich.**
Er ist fleißig. Er ist noch fleißig**er** geworden.
Sie ist sehr zäh. Sie ist eine zäh**e** Dame.
Es ist hell geworden. Es wird gleich noch hell**er.**
Das Auto ist schnell. Er fährt schnell**stens** weg.

<u>Beispiele [Steigerung]:</u>

so klug wie, vgl. der Kluge
(Grundstufe/Positiv, gleich ⇨ Steigerung I)

klüger als, vgl. der Klügere
(Vergleichsstufe/Komparativ, unterschiedlich
⇨ Steigerung II)

am klügsten, vgl. der Klügste
(Höchststufe/Superlativ, noch unterschiedlicher
⇨ Steigerung III)

<u>Beachte:</u>

☺ **Adjektive werden dann großgeschrieben, wenn
sie substantiviert werden.**

<u>Beispiele:</u>

<u>Der</u> **F**leißige lernt bis in den späten Nachmittag.
Er erkannte es am (an <u>dem</u>) **B**lau des Umschlages.
Er fuhr bei (<u>dem</u>) **R**ot über die Ampel.
Sie waren aufs (auf <u>das</u>) **S**chlimmste gefasst.

1.5   Das Fürwort (Pronomen)

Fürwörter stehen stellvertretend für den Namen einer Person oder für den Namen einer Sache. Demnach können Fürwörter **Stellvertreter oder Begleiter von Hauptwörtern** sein. So kann das Fürwort beispielsweise als Stellvertreter an Stelle von „das Kind" („es" – gemeint ist das Kind) stehen. Das Fürwort kann aber auch Begleiter eines Hauptwortes sein, beispielsweise „mein" Schulheft, „deine" Freundin, „jeder" Mensch. Man unterscheidet zwischen **acht Arten** von Fürwörtern, wie nachfolgend aufgeführt.

1. Das **persönliche** Fürwort (**Personal**pronomen)

ich, du, er, sie, es, wir, ihr, sie

2. Das **besitzanzeigende** Fürwort (**Possessiv**pronomen)

mein, dein, sein, ihr, unser, euer, ihr

3. Das **hinweisende** Fürwort (**Demonstrativ**pronomen)

der, die, das; dieser, diese, dieses; jener, jene, jenes; derjenige, diejenige, dasjenige; derselbe, dieselbe, dasselbe; selbst, selber; solcher, solche, solches

4. Das **bezügliche** Fürwort (**Relativ**pronomen)

der, die, das; welcher, welche, welches; was

5. Das **fragende** Fürwort (**Interrogativ**pronomen)

wer?, was?; welcher?, welche?, welches?; was für ein?

6. Das **unbestimmte** Fürwort (**Indefinit**pronomen)

jeder, etwas, nichts, alle, alles, einige, etliche, ein paar, jemand, keiner, einer, irgendeiner, niemand, man, mancher, mehrere

7. Das **rückbezügliche** Fürwort (**Reflexiv**pronomen)

ich wasche mich, du wäschst dich, er wäscht sich, ich wasche mir die Hände

8. Das **wechselbezügliche** Fürwort (**Reziprok**pronomen)

sie beglückwünschen sich (einander); sie halfen sich (gegenseitig) bei den Grammatik-Aufgaben

<u>Beachte:</u>

☺ **Pronomen werden i. d. R. kleingeschrieben. Sie werden nur dann großgeschrieben, wenn sie als "direkte Anrede" für eine bestimmte Person verwendet werden. Auch können Fürwörter gebeugt werden (vgl. Abschnitt „Beugung von Fürwörtern").**

<u>Beispiel für **indirekte** Anrede:</u>

Ich begrüße **s**ie alle, meine Damen und Herren im Saal, ganz herzlich. Sicherlich ist **i**hnen nicht entgangen, wie wichtig unser heutiges Treffen für uns alle ist.

<u>Beispiel für **direkte** Anrede:</u>

Ich begrüße **S**ie, Frau Pehl, ganz herzlich. Außerdem möchte ich **I**hnen für **I**hre langjährige Mitarbeit im Kollegium meinen Dank aussprechen.

1.6   Das Verhältniswort (Präposition)

Verhältniswörter bezeichnen in Verbindung mit Haupt- oder Fürwörtern irgendein Verhältnis. Verhältniswörter bezeichnen demnach das **Verhältnis von Personen, Sachen** und **Geschehnissen** und ziehen verschiedene **Fälle** nach sich. Das Verhältnis kann sein z. B. <u>des **Ortes**</u>, <u>der **Zeit**</u>, <u>der **Art und Weise**</u>, <u>des **Mittels**</u> und <u>des **Grundes**</u>. Verhältniswörter stehen mit dem <u>**Wes**-Fall</u>, <u>**Wem**-Fall</u> und dem <u>**Wen**-Fall</u>!

<u>Beispiele [**Wes**-Fall]</u>:

inmitten, laut, mittels, trotz, unweit, während, wegen

<u>Beispiele [**Wem**-Fall]</u>:

aus, außer, bei, entgegen, gegenüber, mit, nach, nächst, samt, seit, von, zu

<u>Beispiele [**Wen**-Fall]</u>:

durch, entlang, für, gegen, ohne, um

<u>1. des **Ortes** (lokal)</u>

an, auf, in, nach, bei, bis, zu, westlich, zwischen ...

2. der **Zeit** (temporal)

ab, seit, während, in, um, gegen

3. der **Art und Weise** (modal)

auf, aus, bis, zu, mit, ohne, von, zuzüglich

4. des **Grundes** (kausal)

anlässlich, durch, wegen, trotz, unter, zu

Anmerkung:

Je nach Zusammenhang kann dieselbe Präposition unterschiedliche Beziehungen ausdrücken:

Pascal wartet <u>vor</u> dem Schulhof. **(lokal)**
Sabine weinte <u>vor</u> Freude. **(kausal)**

☺ **Präpositionen werden, wenn sie nicht am Satzanfang stehen, immer kleingeschrieben.**

<u>Beispiele:</u>

Er war zufrieden, <u>laut</u> Aussage seiner Freundin.
<u>Laut</u> Aussage seiner Freundin war er zufrieden.
Er ging fort, **o**hne sich zu verabschieden.
Ohne sich zu verabschieden, ging er fort.

1.7   Das Bindewort (Konjunktion)

Bindewörter bezeichnen Wortarten, die sowohl Wörter, Satzglieder als auch ganze Sätze miteinander verbinden. Bindewörter werden daher – ebenso wie Verhältnis- und Umstandswörter – als **Fügewörter** (Partikel=Teilchen) bezeichnet. Man unterscheidet der Form nach zwischen **eingliedrige** und **mehrgliedrige** Konjunktionen und der Funktion nach zwischen **nebenordnende** und **unterordnende** Konjunktionen.

<u>Beispiele [Verbindung von **Wörtern**]:</u>

gestern **und** heute; heute **oder** morgen

<u>Beispiele [Verbindung von **Satzgliedern**]:</u>

Es war ein sehr warmer Sommertag **sowohl** in Hamburg **als auch** in München; Er war **entweder** auf dem Weg zum Baumarkt **oder** er saß bereits im Garten.

<u>Beispiele [Verbindung von **Sätzen**]:</u>

Während Tobias an der Haltestelle auf Sabrina wartete, war Sabrina bereits auf dem Weg zu Tobias.

<u>Beispiele der Form nach [**eingliedrige** Konjunktionen]:</u>

und, oder, auch, denn, dann, als

<u>Beispiele der Form nach [**mehrgliedrige** Konjunktionen]:</u>

entweder ... oder; weder ... noch; sowohl ... als auch

Beispiele der Funktion nach [**nebenordnende** Konjunktionen]:
= gleichwertige/**koordinierende** Konjunktionen

und, auch, nicht nur ... sondern auch, aber, oder, wie, also, das heißt, weder ... noch

Beispiel: Thomas war krank **und** Marco war völlig gesund.

Beispiele der Funktion nach [**unterordnende** Konjunktionen]:
= Unterordnung v. Nebensätzen/**subordinierende** Konjunktionen

da, dass, so dass, damit, weil, wenn, also, nachdem, obwohl, als, während, indem

Beispiel: Thomas ging nicht zur Schule, **weil** er krank war.

☺ **Konjunktionen werden, wenn sie nicht am Satzanfang stehen, kleingeschrieben.**

Beispiele:

Pascal kam **und** wartete auf Sabine. Pascal kam. **Und** er wartete auf Sabine; Sabine war noch nicht zu sehen, **aber** Pascal wartete geduldig. **Aber** Pascal wartete geduldig, obwohl Sabine noch nicht zu sehen war.

1.8   Das Umstandswort (Adverb)

Umstandswörter bezeichnen die **Umstän-de** eines Ereignisses bzw. Geschehens **ge-nauer**. Sie weisen darauf hin, **wann, wie, wo** und **warum** etwas geschieht! Es zählt ebenfalls zu den Partikeln, verändert somit seine Form nie. Umstandswörter können nicht gebeugt (dekliniert) und in der Regel auch nicht gesteigert werden. Ihrer Bedeutung nach unterscheidet man Umstandswörter des **Ortes,** der **Zeit,** der **Art und Weise** und des **Grundes.**

Beispiele [des **Ortes/lokal**]:
= Frage nach dem Ort (**wo?**) und der Richtung (**wohin?**)

außen, innen, hier, da, oben, unten, links, rechts, nirgends; daher, dorther, von außen, von oben; dahin, dorthin, aufwärts, abwärts, seitwärts

Beispiele [der **Zeit/temporal**]:

Frage nach dem Zeitpunkt **(wann?)**, der Zeitdauer **(wie lange?)** und der Häufigkeit **(wie oft?)**

morgens, abends, damals, heute, jetzt, spät; stets, immer, bisher, seitdem; oft, manchmal, selten

Beispiele [der **Art und Weise/modal**]:

Frage nach der Qualität des Maßes, des Grades, des Zustandes oder der Eigenschaft **(wie?)**

anders, gern, kostenlos, mehr, genug, glücklicherweise, zu, allzu, sehr, so, besonders, bekanntlich, hoffentlich, sicherlich, übrigens, leider, etwa, vielleicht

Beispiele [des **Grundes/kausal**]:

Frage nach der Ursache **(kausal; warum?)**, der Folge **(konsekutiv; weshalb?)**, der Bedingung **(konditional; wodurch?)**, der Einräumung **(konzessiv; womit?)**, dem Zweck und dem Mittel **(final; wozu?)**

darum, deshalb, demnach; damit, dadurch, hiermit; gegebenfalls, sonst; jedenfalls, trotzdem; dafür, dazu, dennoch

<u>Beispiele [Sätze]:</u>

Pascal befindet sich **innerhalb** des Schulgebäudes. → **wo?**
Er steigt **von unten** die Treppen hinauf. → **woher?**
Er wird **dorthin** zum Lehrerzimmer gehen. → **wohin?**
Morgen gehen wir alle gemeinsam zur Party. → **wann?**
Bisher hat uns die Party viel Spaß gemacht. → **wie lange?**
Tobias war an dem Abend **oft** in meiner Nähe → **wie oft?**
Er war **besonders** freundlich zu Sabrina. → **wie?**
Christian war **darum** ein wenig eifersüchtig. → **warum?**
Dadurch ließ sich Sabrina nicht beeindrucken. → **weshalb?**
Tobias wäre **sonst** nicht mehr bei Laune. → **wodurch?**
Trotzdem gab Christian nicht ganz auf. → **womit?**
Denn **dafür** mag er Sabrina viel zu sehr. → **wodurch?**

☺ **Umstandswörter werden, wenn sie nicht am Satzanfang stehen, kleingeschrieben.**

<u>Beispiele:</u>

Ich weiß, <u>morgen</u> wird die Sonne scheinen.
<u>Morgen</u> wird die Sonne scheinen. Das weiß ich.
Ich werde **d**<u>raußen</u> vor der Tür auf sie warten.
<u>Draußen</u> vor der Tür werde ich auf sie warten.

1.9   Das Ausrufe-/Empfindungswort (Inter-jektion)

Ausrufe- bzw. Empfindungswörter bezeich-nen Wörter, mit denen **Empfindungen** zum Ausdruck gebracht werden sollen. Hier-zu gehören der <u>Ausdruck **des Befehls,** des **Staunens,** der **Freude,** der **Furcht,** des **Schmerzes**</u> und andere Empfindungen. Ausrufewörter sind oftmals durch einen **Kurzsatz** gekennzeichnet!

<u>Beispiele</u>

Ach!, Ah!, Aha!, Au!, Au weh!, Dalli!, Oh!, Pfui!, Spitze!, Super!, Toll!, Wahnsinn!,

Aha! Ich denke, ich habe verstanden.
Dalli! Das muss ganz schnell gehen.
Super! Das hätten wir endlich geschafft.
(Großschreibung von Interjektionen als Kurzsatz)

1.10 Das Zahlwort (Numerale)

Zahlwörter bezeichnen **Zahlen,** die als Hauptwörter (Nomen), Eigenschaftswörter (Adjektive) und als Umstandswörter (Adverbien) vorkommen können. Sie geben **Grundzahlen, Ordnungszahlen** und **unbestimmte Zahlen** an! Demnach machen Zahlwörter bestimmte oder unbestimmte Angaben über Größen und Vorgänge. Die meisten Zahlwörter können zu den Eigenschaftswörtern gerechnet werden.

Beispiele zu den **Grund**zahlen:

eins, zwei, drei, vier, fünf ...

Beispiele zu den **Ordnungs**zahlen:

der Erste, der Zweite, der Dritte ...

Beispiele zu den **unbestimmten** Zahlen:

einige, mehrere, viele, wenige,

Beispiele **[Zahladjektive/Eigenschaftswörter]**:

eins, der Erste, viel, wenig

Beispiele **[Indefinitpronomen/unbestimmte Fürwörter]**:

etwas, nichts, jeder, jemand, mancher

Beispiele **[Zahladverbien/Umstandswörter]**:

erstens, zweitens, ... ; einmal, zweimal, ...

Beispiele **[Zahlsubstantive/Hauptwörter]**:

eine Millionen, ein Dutzend

Beachte:

Zahlwörter werden i. d. R. kleingeschrieben. Sie werden großgeschrieben, wenn sie als Hauptwörter stehen. Zahlwörter können
teilweise gebeugt oder gesteigert werden.
Beispiele: Jennifer war die Erste; Es waren einige Schüler, die
unpünktlich waren; Es waren wenige / die wenigsten Schüler ...

2. Formenlehre/Beugung v. Wortarten

2.1   Formenlehre bei Hauptwörtern

Genus (Grammatisches Geschlecht)

Maskulinum	der Mann, der Apfel, der Baum
Femininum	die Frau, die Blume, die Katze
Neutrum	das Kind, das Auto, das Buch

Numerus (Zahl)

Singular	der Mann, die Frau, das Kind
Plural	die Männer, die Frauen, die Kinder

Kasus (Fall)

Nominativ	1. Fall	Wer oder was?
Genitiv	2. Fall	Wessen?
Dativ	3. Fall	Wem?, Woher?, Wo?
Akkusativ	4. Fall	Wen oder was?, wohin?

2.2   Beugung von Hauptwörtern

(Beugung von Nomen in verschiedene Fälle = Deklination)

Das Nomen steht im **Nominativ**, wenn es auf die Frage "Wer oder was?" als Antwort folgt.

Beispiel   Das Mädchen schreibt einen Brief. Frage: Wer oder was schreibt einen Brief? Antwort: Das Mädchen.
> Mädchen also im Nominativ!

Das Nomen steht im **Genitiv**, wenn es auf die Frage "Wessen?" als Antwort folgt.

Beispiel: Das Auto des Werkstattleiters ist kaputt. Frage: Wessen Auto ist kaputt?
Antwort: ...des Werkstattleiters > Werkstattleiter also im Genitiv!

Das Nomen steht im **Dativ**, wenn es auf die Frage "Wem...?/Woher...?Wo...?" als Antwort folgt.

Beispiel: Ich gebe dem Kind das Taschentuch. Frage: Wem gebe ich das Taschentuch?
Antwort: Dem Kind. > Kind also im Dativ!

Das Nomen steht im **Akkusativ**, wenn es auf die Frage "Wen oder was...?/Wohin...? als Antwort folgt.

Beispiel: Der Schüler schreibt ein Referat. Frage: Wen oder was schreibt der Schüler?
Antwort: Ein Referat > Referat also im Akkusativ!

Beugung von Nomen mit bestimmten Artikeln

Erinnerst du dich? Die Deklination beinhaltet die Beugung in verschiedene Fälle!

Einzahl (Singular):

Kasus	Maskulinum	Femininum	Neutrum
Nominativ (1. Fall)	der Mann	die Frau	das Kind
Genitiv (2. Fall)	des Mannes	der Frau	des Kindes
Dativ (3. Fall)	dem Mann(e)	der Frau	dem Kind(e)
Akkusativ (4. Fall)	den Mann	die Frau	das Kind

Mehrzahl (Plural):

Kasus		Maskulinum	Femininum	Neutrum
Nominativ	(1. Fall)	die Männer	die Frauen	die Kinder
Genitiv	(2. Fall)	der Männer	der Frauen	der Kinder
Dativ	(3. Fall)	den Männern	den Frauen	den Kindern
Akkusativ	(4. Fall)	die Männer	die Frauen	die Kinder

Beugung von Nomen mit unbestimmten Artikeln

Einzahl (Singular):

Kasus		Maskulinum	Femininum	Neutrum
Nominativ	(1. Fall)	ein Mann	eine Frau	ein Kind
Genitiv	(2. Fall)	eines Mannes	einer Frau	eines Kindes
Dativ	(3. Fall)	einem Mann(e)	einer Frau	einem Kind(e)
Akkusativ	(4. Fall)	einen Mann	eine Frau	einem Kind

Beachte: Bei unbestimmten Artikeln entfällt das Plural! Die Hauptwörter stehen dann bei unbestimmter Anzahl/Menge ohne Artikel.

Beispiel: Tobias schreibt einen Brief > Tobias schreibt Briefe.

2.3 Beugung von Geschlechtswörtern

1. Beugung des <u>bestimmten</u> Artikels in verschiedene Fälle (Deklination)

Einzahl (Singular):

Kasus		Maskulinum	Femininum	Neutrum
Nominativ	(1. Fall)	der Mann	die Frau	das Kind
Genitiv	(2. Fall)	des Mannes	der Frau	des Kindes
Dativ	(3. Fall)	dem Mann(e)	der Frau	dem Kind(e)
Akkusativ	(4. Fall)	den Mann	die Frau	das Kind

Mehrzahl (Plural):

Kasus		Maskulinum	Femininum	Neutrum
Nominativ	(1. Fall)	die Männer	die Frauen	die Kinder
Genitiv	(2. Fall)	der Männer	der Frauen	der Kinder
Dativ	(3. Fall)	den Männern	den Frauen	den Kindern
Akkusativ	(4. Fall)	die Männer	die Frauen	die Kinder

Kasus = Fall, in dem ein deklinierbares Wort stehen kann.

<u>Beachte:</u>	Die Pluralformen der Artikel sind bei allen drei Geschlechtern gleich! Welcher Kasus jeweils benutzt werden muss, lässt sich wie folgt herausfinden:
Nominativ <u>Beispiel:</u>	Man fragt: **"Wer oder was...".** Wer oder was wird heute gelichtet? **Der** Baum wird heute gelichtet.
Genitiv <u>Beispiel:</u>	Man fragt: **"Wessen...".** Wessen Äste werden heute geschnitten? Die Äste **des** Baumes werden heute geschnitten.

Dativ	Man fragt: **"Wem...", "woher..." oder "wo...".**
<u>Beispiel 1:</u>	Wem gebe ich ein Lernbuch?
	Ich gebe **dem** Schüler ein Lernbuch
<u>Beispiel 2:</u>	Woher kommst du?
	Ich komme soeben aus **der** Schule (...**dem** Garten).

Akkusativ	Man fragt: **"Wen oder was..." oder "wohin...".**
<u>Beispiel 1:</u>	Wen oder was hast du heute gesehen?
	Ich habe heute **den** Schüler Tobias gesehen.
<u>Beispiel 2:</u>	Wohin gehst du?
	Ich gehe in **die** Schule (...**den** Garten, **das** Haus).

<u>Weitere Beispiele:</u>

Nominativ:	**Der** Schüler hat gut aufgepasst. **Die** Mutter wartet bereits auf Simone. **Das** Auto muss heute in die Werkstatt.
Genitiv:	Das Getriebe **des** Autos muss repariert werden. Marcel hörte die Stimme **der** Mutter. Er öffnete die Schultasche **des** Schülers.
Dativ:	Ich vertraue **dem** Schüler. Das Schulbuch gehört **der** Schule. Die Mutter gibt **dem** Kind ein Heft.
Akkusativ:	Ich treffe heute **den** Schüler Tobias. Manche Schüler verfluchen **die** Schule. Ich lese interessiert **das** Lernbuch.

2. Beugung des un<u>bestimmten</u> Artikels in verschiedene Fälle (Deklination)

<u>Denke daran:</u> Die Deklination beinhaltet die Beugung der vier Fälle!

Einzahl (Singular):

Kasus		Maskulinum	Femininum	Neutrum
Nominativ	(1. Fall)	ein Mann	eine Frau	ein Kind
Genitiv	(2. Fall)	eines Mannes	einer Frau	eines Kindes
Dativ	(3. Fall)	einem Mann(e)	einer Frau	einem Kind(e)
Akkusativ	(4. Fall)	einen Mann	eine Frau	ein Kind

Beachte: Bei unbestimmten Artikeln entfällt das Plural! Die Nomen stehen dann bei unbestimmter An-zahl/Menge ohne Artikel.

Beispiel: Tobias schreibt einen Brief. Tobias schreibt Briefe.

Beachte: Welcher Kasus jeweils benutzt werden muss, lässt sich wie folgt herausfinden:

Nominativ
Beispiel: Man fragt: **"Wer oder was..."**.
Wer oder was wird heute gelichtet?
Ein Baum wird heute gelichtet.

Genitiv
Beispiel: Man fragt: **"Wessen..."**.
Wessen Äste werden heute geschnitten?
Die Äste **eines** Baumes werden heute geschnitten.

Dativ
Beispiel 1: Man fragt: **"Wem..."**, **"woher..."** oder **"wo..."**.
Wem gebe ich ein Lernbuch?
Ich gebe **einem** Schüler mein Lernbuch
Beispiel 2: Woher kommst du?
Ich komme soeben aus **einer** Schule (**einem** Haus).

Akkusativ	Man fragt: **"Wen oder was..."** oder **"wohin..."**.
Beispiel 1:	Wen oder was hast du heute gesehen?
	Ich habe heute **einen** Schüler gesehen.
Beispiel 2:	Wohin gehst du?
	Ich gehe in **eine** Schule (...**einen** Garten).

Weitere Beispiele:

Nominativ: **Ein** Schüler hat gut aufgepasst. **Eine** Glühlampe muss gewechselt werden. **Ein** Auto ist soeben abgeschleppt worden.

Genitiv: Das Getriebe **eines** Autos muss repariert werden. Marcel hörte die Stimme **einer** Frau. Er öffnete die Schultasche **eines** Schülers.

Dativ: Ich vertraue **einem** Schüler. Das Schulbuch gehört **einer** Schule. Die Frau gibt **einem** Kind das Taschentuch.

Akkusativ: Ich treffe heute **einen** Schüler. Viele Schüler möchten **eine** Zusatzaufgabe. Ich lese interessiert **ein** Lernbuch.

2.4 Formenlehre bei Tätigkeitswörtern (Verben)

Form

1. Aktiv (Tätigkeitsform)	ich liebe, ich lerne, ich schreibe
2. Passiv (Leideform)	ich werde geliebt, ich werde gewaschen

38

Nominalformen

1. Infinitiv (Grundform)	lieben, lernen, schreiben (Endung: -en)
2.Partizip Präsens (Mittelwort der Gegenwart)	liebend, lernend, schreibend (Endung: -end)
3. Partizip Perfekt (Mittelwort der Vergangenheit)	geliebt, gelernt, geschrieben

Tempus (Zeit)

1. Präsens (Gegenwart)	ich liebe, ich lerne, ich schreibe
2. Präteritum (erzählende Vergangenheit)	ich liebte, ich lernte, ich schrieb
3. Perfekt (Vergangenheit)	ich habe geliebt, ich habe gelernt, ich habe geschrieben
4. Plusquamperfekt (vollendete Vergangenheit)	ich hatte geliebt, ich hatte gelernt, ich hatte geschrieben
5. Futurum I (einfache Zukunft)	ich werde lieben, ich werde lernen, ich werde schreiben
6. Futurum II (vollendete Zukunft)	ich werde geliebt haben, ich werde gelernt haben, ich werde geschrieben haben

Modus (Aussageweise)

1. Indikativ (Wirklichkeitsform)	ich gebe, ich singe, ich schreibe
2. Konjunktiv (Möglichkeitsform)	ich gäbe, ich sänge, ich schriebe

Stammformen (bestimmen die Art der Konjugation)

Beachte: Meistens sind die drei Formen: Infinitiv, Präteritum, Partizip Perfekt gegeben!

Beispiel [schwache Verben] lieben, liebte, geliebt:

Beispiel [starke Verben] lesen, las, gelesen

* Bei den "schwachen" Verben bleibt der Stammvokal (auch: ie, ei, au) in allen drei formen gleich!
* Bei den "starken" Verben bleibt der Stammvokal nicht in allen drei Formen gleich!

2.5   Beugung von Tätigkeitswörtern

Konjugation von Hilfsverben

Beachte: Die Konjugation beinhaltet die Bildung verschiedener Verbformen!

<u>Konjugation des Hilfsverbs "haben"</u>
(haben, hatte, gehabt):

*Person	Präsens	Präteritum
Ich	habe	hatte
Du	hast	hattest
Er / Sie / Es	hat	hatte
Wir	haben	hatten
Ihr	habt	hattet
Sie	haben	hatten

*Person	Perfekt	Plusquamperfekt
Ich	habe gehabt	hatte gehabt
Du	hast gehabt	hattest gehabt
Er / Sie / Es	hat gehabt	hatte gehabt
Wir	haben gehabt	hatten gehabt
Ihr	habt gehabt	hattet gehabt
Sie	haben gehabt	hatten gehabt

*Person	Futur I	Futur II
Ich	werde haben	werde gehabt haben
Du	wirst haben	wirst gehabt haben
Er / Sie / Es	wird haben	wird gehabt haben
Wir	werden haben	werden gehabt haben
Ihr	werdet haben	werdet gehabt haben
Sie	werden haben	werden gehabt haben

Die Formen des **Präsens** werden durch den Wortstamm **"hab"** gebildet! Ausnahme: 2. und 3. Person Singular und Personalendung.

Die Formen des **<u>Präteritums</u>** werden durch den Wortstamm **"hat"** gebildet!

Die Formen des **<u>Perfekts</u>** und des **<u>Plusquamperfekts</u>** werden durch die Formen **"haben"** und Partizip Perfekt vom Hilfsverb **"haben"** (= "gehabt") gebildet!

Die Formen des **<u>Futur I</u>** werden durch die Formen **"werden"** und Infinitiv vom Hilfsverb **"haben"** gebildet!

Die Formen des **<u>Futur II</u>** werden durch die Formen **"werden"** und Partizip Perfekt vom Hilfsverb **"haben"** und vom Infinitiv vom Hilfsverb **"haben"** gebildet!

<u>Konjugation des Hilfsverbs "sein"</u>
(sein, war, gewesen):

*Person	Präsens	Präteritum
Ich	bin	war
Du	bist	warst
Er / Sie / Es	ist	war
Wir	sind	waren
Ihr	seid	wart
Sie	sind	waren

*Person	Perfekt	Plusquamperfekt
Ich	bin gewesen	war gewesen
Du	bist gewesen	warst gewesen
Er / Sie / Es	ist gewesen	war gewesen
Wir	sind gewesen	waren gewesen
Ihr	seid gewesen	wart gewesen
Sie	sind gewesen	waren gewesen

*Person	Futur I	Futur II
Ich	werde sein	werde gewesen sein
Du	wirst sein	wirst gewesen sein
Er / Sie / Es	wird sein	wird gewesen sein
Wir	werden sein	werden gewesen sein
Ihr	werdet sein	werdet gewesen sein
Sie	werden sein	werden gewesen sein

Konjugation des Hilfsverbs "werden"
(werden, wurde, geworden):

*Person	Präsens	Präteritum
Ich	werde	wurde
Du	wirst	wurdest
Er / Sie / Es	wird	wurde
Wir	werden	wurden
Ihr	werdet	wurdet
Sie	werden	wurden

*Person	Perfekt	Plusquamperfekt
Ich	bin geworden	war geworden
Du	bist geworden	warst geworden
Er / Sie / Es	ist geworden	war geworden
Wir	sind geworden	waren geworden
Ihr	seid geworden	wart geworden
Sie	sind geworden	waren geworden

*Person	Futur I	Futur II
Ich	werde werden	werde geworden sein
Du	wirst werden	wirst geworden sein
Er / Sie / Es	wird werden	wird geworden sein
Wir	werden werden	werden geworden sein
Ihr	werdet werden	werdet geworden sein
Sie	werden werden	werden geworden sein

Konjugation von "schwachen" Verben

Beachte:	Bei den "schwachen" Verben bleibt der Stammvokal (auch: ie, ei, au) in allen drei Formen gleich!

Beispiel: Wortstamm –lieb > lieben, liebte, geliebt

*Person	Präsens	Präteritum
Ich	liebe	liebte
Du	liebst	liebtest
Er / Sie / Es	liebt	liebte
Wir	lieben	liebten
Ihr	liebt	liebtet
Sie	lieben	liebten

*Person	Perfekt	Plusquamperfekt
Ich	habe geliebt	hatte geliebt
Du	hast geliebt	hattest geliebt
Er / Sie / Es	hat geliebt	hatte geliebt
Wir	haben geliebt	hatten geliebt
Ihr	habt geliebt	hattet geliebt
Sie	haben geliebt	hatten geliebt

*Person	Futur I	Futur II
Ich	werde lieben	werde geliebt haben
Du	wirst lieben	wirst geliebt haben
Er / Sie / Es	wird lieben	wird geliebt haben
Wir	werden lieben	werden geliebt haben
Ihr	werdet lieben	werdet geliebt haben
Sie	werden lieben	werden geliebt haben

Die Formen des **Präsens** und des **Präteritums** werden durch den Wortstamm und durch die Personalendung gebildet!

Die Formen des **Perfekts** und des **Plusquamperfekts** werden durch die Formen "haben" und Partizip Perfekt gebildet!

Die Formen des **Futur I** werden durch die Formen **"werden"** und Infinitiv gebildet!

Die Formen des **Futur II** werden durch die Formen **"werden"** und Partizip Perfekt sowie durch die Formen des Hilfsverbs **"haben"** gebildet!

In gleicher Weise werden zum Beispiel gebildet:

hoffen, hoffte, gehofft; lachen, lachte, gelacht; weinen, weinte, geweint; sagen, sagte, gesagt

Konjugation von "starken" Verben

Beachte: Bei den "starken" Verben bleibt der Stammvokal nicht in allen drei Formen gleich!

45

Beispiel: Wortstamm -schreib- / -schrieb-

*Person	Präsens	Präteritum
Ich	schreibe	schrieb
Du	schreibst	schriebst
Er / Sie / Es	schreibt	schrieb
Wir	schreiben	schrieben
Ihr	schreibt	schriebt
Sie	schreiben	schrieben

*Person	Perfekt	Plusquamperfekt
Ich	habe geschrieben	hatte geschrieben
Du	hast geschrieben	hattest geschrieben
Er / Sie / Es	hat geschrieben	hatte geschrieben
Wir	haben geschrieben	hatten geschrieben
Ihr	habt geschrieben	hattet geschrieben
Sie	haben geschrieben	hatten geschrieben

*Person	Futur I	Futur II
Ich	werde schreiben	werde geschrieben haben
Du	wirst schreiben	wirst geschrieben haben
Er / Sie / Es	wird schreiben	wird geschrieben haben
Wir	werden schreiben	werden geschrieben haben
Ihr	werdet schreiben	werdet geschrieben haben
Sie	werden schreiben	werden geschrieben haben

Die Formen des **<u>Präsens</u>** und des **<u>Plusquamperfekts</u>** werden durch den Wortstamm und durch die Personalendung gebildet!

Die Formen des **Perfekts** und des **Plusquamperfekts** werden durch die Formen des Hilfsverbs **"haben"** und **"ge"** sowie den Wortstamm und **"en"** (=Partizip Perfekt) gebildet!

Die Formen des **<u>Futur I</u>** werden durch die Formen **"werden"** und Infinitiv gebildet!

Die Formen des **<u>Futur II</u>** werden durch die Formen **"werden"** und Partizip Perfekt sowie durch Infinitiv des Hilfsverbs **"haben"** gebildet!

In gleicher Weise werden zum Beispiel gebildet:

fliegen, flog, geflogen; gären, gor, gegoren; reiten, ritt, geritten; saufen, soff, gesoffen

2.6   Aktiv – Passiv

Aktiv – Tätigkeitsform bei Verben

<u>Beispiel:</u>   Simone streichelt die Katze des Nachbarn.

Hier ist Simone das Subjekt. Sie ist selbst aktiv, übt also eine Tätigkeit aus.

Beachte: Sprachlich wird die Aktivität von Simone
                                        durch die Tätigkeitsform – das Aktiv – zum
                                        Ausdruck gebracht!

Beispiele in Kurzform ("schwaches" Verb):

Ich liebe (Präsens), ich liebte (Präteritum); Ich habe geliebt (Perfekt); Ich hatte geliebt (Plusquamperfekt); Ich werde lieben (Futur I); Ich werde geliebt haben (Futur II).

Beispiele in Kurzform ("starkes" Verb):

Ich wasche (Präsens); Ich wusch (Präteritum); Ich habe gewaschen (Perfekt); Ich hatte gewaschen (Plusquamperfekt); Ich werde waschen (Futur I); Ich werde gewaschen haben (Futur II).

Passiv – Leideform bei Verben

Beispiel: Die Katze des Nachbarn wird gestreichelt.

Hier ist die Katze das Subjekt. Sie ist nicht selbst aktiv, sondern es wird etwas mit ihr gemacht. Die Katze "erleidet" also etwas.

Beachte: Sprachlich wird die Passivität der Katze durch die Leideform – das Passiv – zum Ausdruck gebracht!

Beispiele in Kurzform ("schwaches" Verb):

Ich werde geliebt (Präsens); Ich wurde geliebt (Präteritum); Ich bin geliebt worden (Perfekt); Ich war geliebt worden (Plusquamperfekt); Ich werde geliebt werden (Futur I); Ich werde geliebt worden sein (Futur II).

Beispiel in Kurzform ("starkes" Verb):

Ich werde gewaschen (Präsens); Ich wurde gewaschen (Präteritum); Ich bin gewaschen worden (Perfekt); Ich war gewaschen worden ((Plusquamperfekt); Ich werde gewaschen werden (Futur I); Ich werde gewaschen worden sein (Futur II).

2.7   Indikativ – Konjunktiv

Indikativ – Wirklichkeitsform

<u>Beispiel:</u>   Marcel <u>hat</u> gestern Nachmittag <u>gelernt</u>.
                                   (er lernte/hat gelernt)

Marcel hat tatsächlich gestern Nachmittag gelernt!

Beachte: Sprachlich wird diese Tatsache durch die
                                   Wirklichkeitsform – den Indikativ – zum
                                   Ausdruck gebracht!

<u>Konjunktiv – Möglichkeitsform</u>

<u>Beispiel:</u>   Tobias behauptet, er <u>habe</u> ebenfalls ges-
                                   tern Nachmittag <u>gelernt</u>.
                                   (er lerne/habe gelernt)

Ob nun Tobias tatsächlich gestern Nachmittag gelernt hat, weiß
niemand so genau. Jedoch wäre es immerhin möglich!

Beachte: Sprachlich wird diese bestehende Möglich-
                                   keit durch die Möglichkeitsform – den Kon-
                                   junktiv – zum Ausdruck gebracht!

<u>Hinweis:</u>   Beim Konjunktiv wird zwischen zwei Formen unterschieden,
                      und zwar zwischen den Konjunktiv I und den Konjunktiv II.

<u>Beispiel 1:</u>   Pascal behauptet, er <u>habe</u> gestern <u>gelernt</u>.   > Konjunktiv I

<u>Beispiel 2:</u>   Sabine behauptet, sie <u>hätte</u> gestern <u>gelernt</u>.   > Konjunktiv II

Im ersten Beispiel wird die Aussage <u>ganz neutral</u> weiter gegeben. Pascals Behauptung kann stimmen oder auch nicht.

<u>**Beachte:**</u> Sprachlich wird diese neutrale Haltung durch den Konjunktiv I zum Ausdruck gebracht!

Im zweiten Beispiel hat Sabine selbst <u>erhebliche Zweifel</u> am Wahrheitsgehalt ihrer Aussage. Sie verdeutlicht hier auch sprachlich ihre eigene Ungewissheit.

<u>**Beachte:**</u> Sprachlich wird der erhebliche Zweifel am Wahrheitsgehalt durch den Konjunktiv II zum Ausdruck gebracht!

Präsens:

*Person	Indikativ	Konjunktiv I	Konjunktiv II
Ich	komme	komme	käme
Du	kommst	kommest	kämest
Er / Sie / Es	kommt	komme	käme
Wir	kommen	kommen	kämen
Ihr	kommt	kommet	kämet
Sie	kommen	kommen	kämen

Perfekt:

*Person	Indikativ	Konjunktiv I	Konjunktiv II
Ich	bin gekommen	sei gekommen	wäre gekommen
Du	bist gekommen	seiest gekommen	wärest gekommen
Er / Sie / Es	ist gekommen	sei gekommen	wäre gekommen

Wir	sind gekommen	seien gekommen	wären gekommen
Ihr	seid gekommen	seid gekommen	wäret gekommen
Sie	sind gekommen	seien gekommen	wären gekommen

Futur:

*Person	Indikativ	Konjunktiv I	Konjunktiv II
Ich	werde kommen	werde kommen	würde kommen
Du	wirst kommen	werdest kommen	würdest kommen
Er / Sie / Es	wird kommen	werde kommen	würde kommen
Wir	werden kommen	werden kommen	würden kommen
Ihr	werdet kommen	werdet kommen	würdet kommen
Sie	werden kommen	werden kommen	würden kommen

Beachte:

In einigen Fällen stimmen die Formen des Indikativs und des Konjunktivs I überein. So beispielsweise 1. Person Singular, Präsens und Futur; 1. Person Plural, Präsens und Futur. Damit die Formen des Konjunktivs I dennoch unmissverständlich zum Ausdruck gebracht werden können, ist es erlaubt, in diesen Fällen auf die entsprechenden Formen des Konjunktivs II als Ersatzform auszuweichen.

2.8   Beugung von Eigenschaftswörtern

(= Deklination von Adjektiven in verschiedene Fälle)

Einzahl (Singular) mit bestimmten Artikeln:

Kasus		Maskulinum	Femininum	Neutrum
Nominativ	(1. Fall)	der alte Mann	die junge Frau	das kleine Kind
Genitiv	(2. Fall)	des alten Mannes	der jungen Frau	des kleinen Kindes
Dativ	(3. Fall)	dem alten Mann(e)	der jungen Frau	dem kleinen Kind(e)
Akkusativ	(4. Fall)	den alten Mann	die junge Frau	das kleine Kind

Mehrzahl (Plural) mit bestimmten Artikeln:

Kasus		Maskulinum	Femininum	Neutrum
Nominativ	(1. Fall)	die alten Männer	die jungen Frauen	die kleinen Kinder
Genitiv	(2. Fall)	der alten Männer	der jungen Frauen	der kleinen Kinder
Dativ	(3. Fall)	den alten Männern	den jungen Frauen	den kleinen Kindern
Akkusativ	(4. Fall)	die alten Männer	die jungen Frauen	die kleinen Kinder

Beachte: Die Pluralformen der Adjektive (hier: alten/jungen/kleinen) sind bei allen drei Geschlechtern gleich!

Einzahl (Singular) mit unbestimmten Artikeln:

Kasus		Maskulinum	Femininum	Neutrum
Nominativ	(1. Fall)	ein alter Mann	eine junge Frau	ein kleines Kind
Genitiv	(2. Fall)	eines alten Mannes	einer jungen Frau	eines kleinen Kindes
Dativ	(3. Fall)	einem alten Mann(e)	einer jungen Frau	einem kleinem Kind(e)
Akkusativ	(4. Fall)	einen alten Mann	eine junge Frau	ein kleines Kind

<u>Beachte:</u> Bei unbestimmten Artikeln entfällt das Plural! Die Hauptwörter (Nomen) stehen dann bei unbestimmter Anzahl ohne Artikel.

<u>Beispiele:</u> Ich schreibe einen Liebesbrief. Ich schreibe Liebesbriefe; Meine Katze spielt mit einer Kastanie. Meine Katze spielt mit Kastanien.

Einzahl (Singular) mit bestimmtem Artikel und zwei Adjektiven:

Kasus		Maskulinum	Femininum	Neutrum
Nominativ	(1. Fall)	der gelassene alte Mann	die schöne junge Frau	das liebe kleine Kind
Genitiv	(2. Fall)	des gelassenen alten Mannes	der schönen jungen Frau	des lieben kleinen Kindes
Dativ	(3. Fall)	dem gelassenen alten Mann(e)	der schönen jungen Frau	dem lieben kleinen Kind(e)
Akkusativ	(4. Fall)	den gelassenen alten Mann	die schöne junge Frau	das liebe kleine Kind

Mehrzahl (Plural) mit bestimmtem Artikel und zwei Adjektiven:

Kasus		Maskulinum	Femininum	Neutrum
Nominativ	(1. Fall)	die gelassenen alten Männer	die schönen jungen Frauen	die lieben kleinen Kinder
Genitiv	(2. Fall)	der gelassenen alten Männer	der schönen jungen Frauen	der lieben kleinen Kinder
Dativ	(3. Fall)	den gelassenen alten Männern	den schönen jungen Frauen	den lieben kleinen Kindern
Akkusativ	(4. Fall)	die gelassenen alten Männer	die schönen jungen Frauen	die lieben kleinen Kinder

Beachte:	Wenn zwei oder mehrere Eigenschaftswörter (Adjektive) vor einem Hauptwort (Nomen) stehen, dann werden sie auf die gleiche Weise in verschiedene Fälle gebeugt (dekliniert). Dies gilt ebenso bei unbestimmten Artikeln.

2.9 Beugung von Fürwörtern

Personalpronomen

Kasus/Singular	1. Person	2. Person	3. Person
Nominativ	ich	du	er sie es
Genitiv	meiner	deiner	seiner ihrer seiner
Dativ	mir	dir	ihm ihr ihm
Akkusativ	mich	dich	ihn sie es

Personalpronomen

Kasus/Plural	1. Person	2. Person	3. Person
Nominativ	wir	ihr	sie
Genitiv	unser	euer	ihrer
Dativ	uns	euch	ihnen
Akkusativ	uns	euch	sie

Possessivpronomen

Kasus/Singular	Maskulinum	Femininum	Neutrum	Plural
Nominativ	mein	meine	mein	meine
Genitiv	meines	meiner	meines	meiner
Dativ	meinem	meiner	meinem	meinen
Akkusativ	meinen	meine	mein	meine
Nominativ	dein	deine	dein	deine
Genitiv	deines	deiner	deines	deiner
Dativ	deinem	deiner	deinem	deinen
Akkusativ	deinen	deine	dein	deine
Nominativ	sein	ihre	sein	seine
Genitiv	seines	ihrer	seines	seiner
Dativ	seinem	ihrer	seinem	seinen
Akkusativ	seinen	ihre	sein	seine

Possessivpronomen

Kasus/Plural	Maskulinum	Femininum	Neutrum	Plural
Nominativ	unser	unsere	unser	unsere
Genitiv	unseres	unserer	unseres	unserer
Dativ	unserem	unserer	unserem	unseren
Akkusativ	unseren	unsere	unser	unsere
Nominativ	euer	eure	euer	eure
Genitiv	eures	eurer	eures	eurer
Dativ	eurem	eurer	eurem	euren
Akkusativ	euren	eure	euer	eure
Nominativ	ihr	ihre	ihr	ihre
Genitiv	ihres	ihrer	ihres	ihrer
Dativ	ihrem	ihrer	ihrem	ihren
Akkusativ	ihren	ihre	ihr	ihre

Demonstrativpronomen

Kasus/Singular	Maskulinum	Femininum	Neutrum	Plural
Nominativ	dieser	diese	dieses	diese
Genitiv	dieses	dieser	dieses	dieser
Dativ	diesem	dieser	diesem	diesen
Akkusativ	diesen	diese	dieses	diese

Relativpronomen

Kasus/Singular	Maskulinum	Femininum	Neutrum	Plural
Nominativ	welcher	welche	welches	welche
Genitiv	dessen	deren	dessen	deren
Dativ	welchem	welcher	welchem	welchen
Akkusativ	welchen	welche	welches	welche

Interrogativpronomen (Singular und Plural)

Kasus	Maskulinum	Femininum	Neutrum
Nominativ	wer?	wer?	was?
Genitiv	wessen?	wessen?	wessen?
Dativ	wem?	wem?	-
Akkusativ	wen?	wen?	was?

Kasus/Singular	Maskulinum	Femininum	Neutrum
Nominativ	welcher?	welche?	welches?
Genitiv	welches (n)?	welcher?	Welches (n)?
Dativ	welchem?	welcher?	welchem?
Akkusativ	welchen?	welche?	welches?

Kasus/Plural	Maskulinum Femininum Neutrum
Nominativ	welche Männer, Frauen, Kinder?
Genitiv	welcher Männer, Frauen, Kinder?
Dativ	welchen Männern, Frauen, Kindern?
Akkusativ	welche Männer, Frauen, Kinder?

Kasus/Singular	Maskulinum	Femininum	Neutrum
Nominativ	was für ein?	was für eine?	was für ein?
Genitiv	was für eines?	was für einer?	was für eines?
Dativ	was für einem?	was für einer?	was für einem?
Akkusativ	was für einen?	was für eine?	was für ein?

Kasus/Plural	Maskulinum Femininum Neutrum
Nominativ	was für Grüße, Autos, Hausaufgaben, Spiele
Genitiv	was für Grüße, Autos, Hausaufgaben, Spiele
Dativ	was für Grüßen, Autos, Hausaufgaben, Spielen
Akkusativ	was für Grüße, Autos, Hausaufgaben, Spiele

3.   Satzlehre

Satzlehre (Syntax = Lehre vom Satzbau)

3.1   Satzlehre/Satzbau, Allgemeines

Der Satz bildet die kleinste zusammengehörige Redeeinheit. Er besteht in der Regel aus mehreren Satzbausteinen. Jedoch ergibt sich eine sinnvolle Aussage erst dann, wenn die verschiedenen Satzbausteine sprachlich und logisch einwandfrei aufeinander bezogen sind. Es gibt drei Stammarten von Sätzen, und zwar Aussagesätze, Fragesätze und Aufforderungs- bzw. Befehlssätze. Als Sonderfall kommt jedoch der Ausrufesatz hinzu.

Beachte:	Ein vollständiger Satz besteht aus mindestens zwei Satzbausteinen, und zwar aus Satzgegenstand (Subjekt) und Satzaussage (Prädikat).

Beispiel [Aussagesatz]:	Subjekt Marcel	Prädikat lernt.
Beispiel [Fragesatz]:	Lernt	Marcel?
Beispiel [Befehlssatz]:	Lerne,	Marcel!
Beispiel [Ausrufesatz]:	Wenn Marcel nun endlich kommen würde!	

Meistens reichen Subjekt und Prädikat zur Bildung sinnvoller Sätze nicht aus, weil ohne das Hinzufügen weiterer Satzbausteine wesentliche Informationen noch fehlen würden.

Beispiel: Marcel lernte...

Was aber lernte Marcel? Hier fehlt die ergänzende Information! Die noch fehlende Information liefert die Satzergänzung (Objekt).

Beispiel: Subjekt   Prädikat   Objekt
                             Marcel   lernte   Mathematik.

Nun lassen sich Sätze durch zusätzliche Informationen weiter vervollständigen.

Beispiel: Marcel lernte mit seinen Schulfreunden Mathematik.

Sinnvolle Satzergänzungen können noch weitaus genauere Informationen zum Ausdruck bringen. So können zum Beispiel zusätzliche Informationen zum Zeitpunkt des Lernens und/oder zum Ort des Lernens zum Ausdruck gebracht werden.

Beispiel 1:   Marcel lernte gestern Nachmittag mit seinen Schulfreunden im Düsseldorfer Stadtpark Mathematik.

Beispiel 2:   Marcel lernte gestern Nachmittag um drei Uhr mit seinen Schulfreunden Tobias und Thomas im zentral gelegenen Düsseldorfer Stadtpark Mathematik.

Sätze können also aus weitreichenden Informationen zusammengesetzt sein. Nachfolgend werden wir uns daher etwas ausführlicher hiermit befassen.

3.2   Der Satzgegenstand (Subjekt)

Satzbaustein	Frage	Beispiel
Subjekt	Wer oder was...?	**Marcel** lernt.

3.3   Die Satzaussage (Prädikat)

Satzbaustein	Frage	Beispiel
Prädikat	Was tut...?/ Was erleidet...? (Aussage über das Subjekt)	Marcel **lernt**. Marcel wird **gelobt**.

3.4   Die Satzergänzung (Objekt)

Satzbaustein	Frage	Beispiel
Objekt		
1. **Akkusativ**-Objekt	Wen oder was...?	Der Lehrer lobt **den Schüler**.
2. **Dativ**-Objekt	Wem...?	Er gibt **seinem Freund** ein Buch.
3. **Genitiv**-Objekt	Wessen...?	Wir erinnern uns **alter Zeiten**.

3.5   Die Umstandsbestimmung

der Zeit	Wann...?/Wie lange...?	**Gestern Nach-mittag** haben wir gelernt. Ich warte **bereits seit einer Stunde** auf dich.
des Ortes	Wo...?/Wohin...?/Woher...?	Gestern Nach-mittag waren wir **im Düssel-dorfer Stadt-park.** Wir fahren heute **nach Essen**. Wir kommen **aus der Schule**.
des Mittels	Womit...?/Wodurch...?	Er lernt **mit dem Mathe-Buch**. Er wirkt **durch sein Lächeln** sympathisch.

der Art und Weise	Wie...?/Auf welche Weise...?	Er arbeitet **wie ein Ochse**. Er lernt **fröhlich singend**.
des Zweckes und der Absicht	Wozu...?	Er lernt, **um gute Noten zu schreiben**. Sein Freund kam **zu Hilfe**.

3.6 Die Einfügung (Apposition)

Apposition	Helgoland, **eine deutsche Insel**, liegt in der Nordsee.

3.7 Die Beifügung (Attribut)

1. **Adjektiv**-Attribut	Sabine schreibt einen **langen** Liebesbrief an Tobias.
2. **Partizipial**- Attribut	Simone ist derzeit ein **lernendes** Mädchen.
3. **Genitiv**-Attribut	Die erhaltenen Fachwerkhäuser **der Ortschaft**. Es ist das Schulheft **meines Freundes**. Dies ist das Auto **des Vaters seiner Freundin**. (doppelter Genitiv)

3.8 Nebensätze

Nebensätze können Hauptsätzen als Satzglied beigefügt sein. Nebensätze unterscheiden sich je nach ihrer Funktion oder nach ihren Einleitungswörtern durch Konjunktionalsätze, Relativsätze, Attribut- und Gliedsätze und uneingeleitete Nebensätze.

Als **Konjunktionalsätze** werden Nebensätze bezeichnet, die durch ein unterordnendes Bindewort eingeleitet werden. Als **Relativsätze** werden Nebensätze bezeichnet, die mit bezüglichen Fürwörtern oder Relativadverb eingeleitet werden. **Attributsätze** enthalten eine Beifügung zum Zwecke der näheren Bestimmung, während **Gliedsätze** Nebensätze in der Funktion eines Satzgliedes näher bezeichnen.

Nebensätze können nicht alleine stehen! Sie werden meistens durch ein bezügliches Fürwort (Relativpronomen) oder Relativadverb bzw. durch ein Bindewort (Konjunktion) eingeleitet.

Konjunktionalsätze

1. Temporalsatz (Zeitsatz)

Dieser Satztyp wird meistens durch folgende Bindewörter (Konjunktionen) eingeleitet::
als, während, seit, seitdem, solange, sobald.

Beispiele:

Als ich das Klassenzimmer betrat, waren die Schüler schon da.

Während Marcel, Tobias und Dennis lernten, ist Thomas zum Fußballspiel gegangen. **Seit** Beginn des Unterrichts, hörten die Schüler dem Lehrer konzentriert zu. **Sobald** es zur Pause schellte, drängte es die Schüler zum Relaxen auf dem Schulhof.

2. Konditionalsatz (Bedingungssatz)

Dieser Satztyp wird meistens durch die Wörter **wenn** und **falls** eingeleitet.

<u>Beispiele:</u>

Wenn ich mal groß bin, dann werde ich Tierarzt. **Falls** ich das Abitur schaffe, bezahlen mir meine Eltern den Führerschein.

3. Kausalsatz (Begründungssatz)

Dieser Satztyp wird durch die Wörter **weil**, **da**, und **denn** eingeleitet.

<u>Beispiele:</u>

Weil Tobias den Bus verpasste, kam er zu spät zur Schule. **Da** Tobias zu spät zum Unterricht kam, musste er hierfür eine Begründung abgeben. Simone hat eine gute Klassenarbeit geschrieben, **denn** sie war gut vorbereitet.

4. Konzessivsatz (Einräumungssatz)

Dieser Satztyp wird durch die Wörter **obgleich, obschon, wennschon** und **auch wenn** eingeleitet.

<u>Beispiele:</u>

Obgleich du nur wenig gelernt hast, ist deine Klassenarbeit noch befriedigend. **Auch wenn** du dich entschuldigst, ist für mich die Angelegenheit damit noch nicht erledigt.

5. Konsekutivsatz (Folgesatz)

Dieser Satztyp wird durch die Wörter **dass, so dass** und **ohne dass** eingeleitet.

<u>Beispiele:</u>

Es ist schade, **dass** die Klassenfahrt verschoben werden muss. Er hatte nur die eine Möglichkeit, **so dass** er die Gelegenheit für sich nutzte. Monika sagte Pascal das geplante Treffen ab, **ohne dass** sie einen Grund hierfür nannte.

6. Finalsatz (Absichtssatz)

Dieser Satztyp wird durch die Wörter **damit, dass** und **auf dass** eingeleitet.

<u>Beispiele:</u>

Simone lernt heute deshalb, **damit** sie auf die morgige Klassenarbeit gut vorbereitet ist. Marcel möchte durch Lernen Vorsorge treffen, **dass** er bei der morgigen Klassenarbeit gut abschneidet.

7. Modalsatz (Art- und Weise-Satz)

Dieser Satztyp wird durch die Wörter **dadurch dass, indem** und **ohne dass** eingeleitet.

Beispiele:

Dadurch dass du die Augen verschließt, wehrst du die Situation nicht ab. **Indem** du lernst, schaffst du dir gute Voraussetzungen für eine gelungene Klassenarbeit. **Ohne dass** er es bemerkte, stand plötzlich Sabine an seiner Seite.

Ein Sonder fall des Modalsatzes bildet der **Vergleichssatz**. Dieser wird durch die Wörter **als ob, wie wenn** und **je...** desto... eingeleitet.

Beispiele:

Das habe ich mir doch gedacht, **als ob** ich das schon vorher geahnt hätte. **Je** mehr du lernst, desto besser bist du auf die nächste Klassenarbeit vorbereitet.

Relativsätze

Relativsätze werden durch die Relativpronomen **der, die, das** sowie **welcher, welche, welches** eingeleitet.

Beispiele:

Das Klassenzimmer, **das** bisher verschmutzte Wände hat, wird neu angestrichen. Das Klassenzimmer, **welches** bisher ...

Indirekte Fragesätze

Indirekte Fragesätze werden durch die Interrogativpronomen **wer, was, welcher, welche, welches, wann** sowie **wo, ob** und **warum** eingeleitet.

Beispiele:

Der Lehrer weiß es nicht, **wer** von wem abgeschrieben hat. Der Lehrer möchte unbedingt wissen, **welcher** Schüler abgeschrieben hat. Andreas fragte mich, **wann** wir uns heute Nachmittag treffen sollen. Niemand wusste, **warum** Thomas heute nicht zur Schule kommen kann.

Beachte: In allen zuvor aufgeführten Beispielen kann der Nebensatz (erkennbar am typischen Einleitungswort) sowohl am Anfang als auch am Ende eines Satzgefüges stehen. Der Nebensatz kann aber auch in den Hauptsatz eingeschoben sein. Auch ist zu beachten, dass der Nebensatz stets durch ein Komma vom Hauptsatz getrennt wird.

Anmerkung:

Die Bildung von Nebensätzen ermöglicht es, sinnvolle **Satzverknüpfungen** vorzunehmen. Sicherlich lassen sich Hauptsätze einfach nebeneinander stellen. Jedoch wirkt dies auf die Dauer doch ziemlich einfallslos und eintönig.

<u>Beispiel:</u>

Marcel ging heute Morgen in die Schule. Er lernte dort fleißig. Er wollte schnell wieder nach Hause gehen. Er wartete auf dem Schulhof auf Simone.

Die erste Möglichkeit ist nunmehr, die vorhandenen Sätze mit beiordnenden Bindewörtern (Konjunktionen) oder Umstandswörtern (Adverbien) stärker zu verbinden.

<u>Also:</u>

Marcel ging heute Morgen in die Schule **und** er lernte dort fleißig. **Anschließend** wollte er schnell wieder nach Hause gehen, **aber** er wartete auf dem Schulhof auf Simone.

<u>Aber auch folgende Konstellation ist möglich:</u>

Marcel ging heute Morgen in die Schule, **um** dort fleißig zu lernen. **Obwohl** er schnell wieder nach Hause wollte, wartete er **aber** auf dem Schulhof auf Simone.

3.9 Satzarten im Überblick

Der Hauptsatz

Sätze stellen Wörter zu Aussagen und Fragen zusammen, wobei sich die Wörter zu Satzgliedern, also zu Teilen eines Satzes gruppieren. Satzglieder können aus einem Wort oder aus mehreren Wörtern bestehen und können nur als Gesamtheit verschoben werden. Der Hauptsatz, sowie der Satz im Allgemeinen, stellt eine **inhaltliche Einheit** dar und wird formal durch einen Großbuchstaben am Satzanfang und ein Satzschlusszeichen (Punkt, Frage- oder Ausrufezeichen) am Satzende gekennzeichnet. Die Zeichensetzung (Interpunktion) trägt dazu bei, einen Hauptsatz/Satz nach Sinneinheiten zu gliedern. In der gesprochenen Sprache ist es die Stimmführung (Intonation), die das Ende eines Satzes (Hauptsatz / Hauptsatz + Nebensatz) signalisiert. Abhängig vom Bestreben (Intention) des Sprechers unterscheidet man fünf Hauptsatzarten:

Der Aussagesatz

<u>Beispiele:</u>

Es regnet. Die Sonne scheint. Simone schreibt einen Brief. Marc trifft sich morgen mit Jessica und Marie.

Der Fragesatz

<u>Beispiele:</u>

Regnet es? Scheint die Sonne? Schreibt Simone einen Brief? Trifft sich Marc morgen mit Jessica und Marie?

Der Befehlssatz (Aufforderungssatz)

<u>Beispiele:</u>

Ruf mich doch mal an! Mach(e) mir keinen Stress!

Halt(e) dich dort am Griff fest! Helft mir!

Der Wunschsatz

<u>Beispiele</u>:

Wenn du mir das doch schon vorher gesagt hättest!
Wie gerne würde ich heute nachmittag zu dir kommen!

Der Ausrufesatz

<u>Beispiele</u>:

Super, das war echt toll! Oh, wie bin ich glücklich!
Mann, hatten wir ein Glück! Toll, jetzt geht's los!

<u>Anmerkung:</u>

Andere grammatische Werke unterscheiden lediglich zwischen
drei Satzarten: Aussagesatz (Deklarationssatz), Ausrufesatz (Ex-
klamativsatz) und Fragesatz (Interrogativsatz). Hierbei lassen sich
Ausrufe- und Befehlssätze den Aussagesätzen zuordnen.

Der Nebensatz

Vorweg: Unterscheide zwischen Nebensätze und Einfügungen! Nebensätze sind, grammatisch gesehen, vollständige Sätze. Denn sie haben Satzgegenstand (Subjekt) und Satzaussage (Prädikat), während Einfügungen lediglich eine Beifügung in Form eines Substantivs oder Beisatzes darstellen (vgl. Abschnitt Satzlehre). Dennoch sind Nebensätze lediglich **Glied eines Satzgefüges** und bilden deshalb mit dem Hauptsatz gemeinsam eine Sinneinheit. Sie sind vom Hauptsatz abhängig und daher ihm untergeordnet. Man unterscheidet zwischen Nebensätze des ersten, zweiten, dritten und vierten Grades. Hierbei ist der Nebensatz ersten Grades unmittelbar dem Hauptsatz untergeordnet, während die übrigen Nebensätze jeweils dem vorangestellten Nebensatz untergeordnet sind. Nebensätze können demnach gleichgeordnet (gleichen Grades) oder einander untergeordnet (verschiedenen Grades) sein.

Sie unterscheiden sich je nach Form (Einleitungswörter) und Funktion (Ersatz eines Satzgliedes oder einer Beifügung) durch folgende sieben Nebensatzarten:

Der Bezugssatz

Beispiel [Form]:

Schüler, **die fleißig lernen,** schreiben meistens gute Klassenarbeiten

Der Bindewortsatz

Beispiel [Form/**Zeit**satz]:

Die Schüler saßen schon auf ihren Plätzen, **als ich das Klassenzimmer betrat.**

<u>Beispiel [Form/**Absichts**satz]:</u>

Julian lernte heute besonders zielstrebig, **damit er auf die morgige Klassenarbeit gut vorbereitet ist.**

<u>Beispiel [Form/**Begründungs**satz]:</u>

Tobias kam zu spät zur Schule, **weil der Schulbus wegen eines Unfalls einen Umweg fahren musste.**

<u>Beispiel [Form/**Bedingungs**satz]:</u>

Wenn ich mal groß bin, dann werde ich ganz sicher ein guter Tierarzt.

<u>Beispiel [Form/**Folge**satz]:</u>

Wir sind darüber ziemlich verärgert, **dass die Klassenfahrt verschoben werden muss.**

<u>Beispiel [Form/**Einräumungs**satz]:</u>

Deine Klassenarbeit ist noch befriedigend, **obgleich du nur wenig gelernt hast.**

Beispiel [Form/Angabe der **Art und Weise**]:

Dadurch dass man die Augen verschließt, wehrt man Schülermobbing nicht ab.

Beispiel [Form/**Vergleichs**satz]:

Der neue Kugelschreiber kostet mehr, **als der alte gekostet hat.**

Beispiel [Form/Angabe eines **Gegensatzes**]:

Melanie musste noch länger lernen, **während Dominik seine Hausaufgaben fertig hatte.**

Beispiel [Form/abhängiger (indirekter) **Frage**satz]:

Andreas fragte mich, **wann wir uns heute Nachmittag treffen sollen.**

Beispiel [Funktion/**Subjekt**satz]:

Wer die Klassenarbeit mit mindestens der Note „gut" abschließt, erhält eine Belohnung.

<u>Beispiel [Funktion/**Objekt**satz]:</u>

Hendrik bedauert, **dass Vanessa nicht da ist.** (Akkusativobjektsatz); Alle warten darauf, **dass er geht.** (Präpositionalobjektsatz)

<u>Beispiel [Funktion/**Objekt**satz]:</u>

Hendrik bedauert, **dass Vanessa nicht da ist.** (Akkusativobjektsatz); Alle warten darauf, **dass er geht.** (Präpositionalobjektsatz)

<u>Beispiel [Funktion/**Adverbial**satz]:</u>

Wir haben unseren Tagesausflug verschoben, **weil es den ganzen Tag geregnet hat.**

<u>Beispiel [Funktion/**Attribut**satz]:</u>

Diejenigen Schüler, **die diese Klassenarbeit jetzt nicht schreiben können,** müssen die Klassenarbeit in zwei Tagen nachschreiben.

Anmerkung:

Hierüber hinaus gibt es <u>besondere Nebensatzarten.</u> So können Nebensätze sowohl am Anfang als auch am Ende eines Satzgefüges stehen (eingeleitete und uneingeleitete Nebensätze). Jedoch ist der uneingeleitete Nebensatz immer in einen eingeleiteten Nebensatz umwandelbar.

Beispiele [**eingeleiteter** Nebensatz]:

Wenn du nicht angestrengt hättest, wäre das nicht gut gewesen. **Wann wir uns heute Nachmittag treffen,** konnte er mir noch nicht sagen.

Beispiele [**uneingeleiteter** Nebensatz]:

Hättest du nicht angestrengt, wäre das nicht gut gewesen. Er konnte mir noch nicht sagen, **wann wir uns heute Nachmittag treffen.**

Beispiel [**satzwertige Infinitiv**gruppen]:

Marvin versichert, alles für die Klassenarbeit getan **zu** haben.

Beispiel [**satzwertige Partizipal**gruppen]:

Die Schüler, **vor Begeisterung tobend,** freuten sich auf die nun endlich bevorstehende Klassenfahrt.

Beispiel [**abhängige** (indirekte) Rede]:

Kai erzählte, **dass seine Oma krank ist.**
(Zu Konjunktiv I und Konjunktiv II vgl. Abschnitt Indikativ – Konjunktiv)!

Beachte:

Wie bereits auf Seite 71 erwähnt, können Nebensätze einander gleichgeordnet oder untergeordnet sein. In der Regel ist ein Nebensatz einem Hauptsatz zugeordnet. Jedoch kann ein Hauptsatz mehreren Nebensätzen zugeordnet sein. Demnach unterscheidet man Nebensätze unterschiedlichen Grades, und zwar des ersten, zweiten, dritten und vierten Grades.

Beispiel:

Die Eltern haben begriffen **(Hauptsatz),** dass ihre Tochter wieder bessere Noten schreiben wird **(Nebensatz 1. Grades),** wenn auch sie eingesehen haben **(Nebensatz 2. Grades),** dass sie Ihrer Tochter die nötige Zeit zum Lernen geben müssen **(Nebensatz 3. Grades),** damit sie alles verstehen kann **(Nebensatz 4. Grades).**

☺ **Gleichgeordnete Nebensätze dagegen sind nicht durch Kommas getrennt, sondern durch Bindewörter (Konjunktionen) verbunden.**

<u>Beispiel [**gleichgeordneter** Nebensatz]:</u>

Die Schüler haben sich leider verspätet, weil es einen Verkehrsunfall gab **und weil** der Bus deshalb im Stau stand.

<u>Beispiel [**untergeordneter** Nebensatz]:</u>

Die Schüler haben sich leider verspätet, weil es einen Verkehrsunfall gab, **so dass** der Bus deshalb im Stau stand.

Checkliste: So lernt man lernen

Anmerkung: In der Tat ist es so: Durch "richtiges" Lernen lassen sich schließlich auch die ersten Lernerfolge aufweisen. Was aber heißt überhaupt "Lernen"? Hier wird zwischen zwei allgemein gültige Definitionen unterschieden.

Definition 1   ⇨ **Lernen für das "Leben"!**

"Die Veränderung des Verhaltens oder das Entstehen eines neuen Verhaltens, das aus Erfahrung und Übung erwachsen ist, wird als "Lernen" bezeichnet."

Definition 2   ⇨ **Lernen für die "Schule"! (schulisches Lernen)**

"Das Verstehen, Üben, Behalten und Anwenden von zuvor nicht gekannten Vorgaben bzw. Aufgaben wird als Lernen bezeichnet."

Das Kennenlernen der zuvor beschriebenen Definitionsmöglichkeiten soll helfen, für sich selbst die Antwort auf das "richtige" Lernen in Bezug auf "schulisches" Lernen zu finden. Hieran knüpft schließlich die Frage, wie sich erfolgreiches Lernen unter dem Gesichtspunkt von "Lernen für die Schule" erzielen lässt. Die nachfolgend aufgeführten Thesen und Tipps orientieren sich demnach ganz bewusst an den Bedürfnissen des schulischen Lernens.

Wie kann man erfolgreich lernen?

Tipp 1: Lerne zu festgelegten Zeiten. So werden bestimmte Tageszeiten bzw. Stunden von selbst zu Reizauslösern für anstehende Lernphasen. Mache dich innerhalb von Lernphasen "frei" von äußeren Einflüssen. Übe eine gewisse Zeitdisziplin. Zwinge dich aber nicht. Wenn du einmal lustlos bist, so versuche am nächsten Tag zur gleichen Zeit (allerdings in doppelter Zeit) versäumte Lernphasen nachzuholen. Halte dich aber an deine innere Uhr.

Tipp 2: Lerne an einem festen Lernplatz. Dieser Platz wird somit Reizauslöser für bevorstehende Lernvorgänge. Ein Platz, eigens zur Erledigung von schulischen Lernvorgängen, schafft eher eine motivierende Atmosphäre.

<u>Tipp 3:</u> Die zu lange Beschäftigung mit ein und demselben Lernstoff ermüdet und mindert die Konzentration. Bessere Lernerfolge lassen sich hier durch kürzere und dafür häufigere Lernphasen erzielen. Lege also etwa nach einer halben Stunde eine Pause von fünf Minuten und nach einer Stunde von zehn Minuten ein. Verlasse während der Pausenzeit deinen Lernplatz, um dich vom Lernstoff abzulenken.

<u>Tipp 4:</u> Lerne mit "individuellen Lerntricks". Beteilige möglichst viele Sinne am Lernprozess. Visuelle Hilfen wirken unterstützend (Fotos, Zeichnungen, Filme, Tafelbilder, farblich markierte Hervorhebungen im Lern-/Arbeitsheft) bei der Bewältigung von Lernprozessen und auf das Gedächtnis bzw. das Erinnerungsvermögen. Zudem wird der Wiedererkennungseffekt "im Kopf" geschult und schließlich gesteigert.

<u>Tipp 5:</u> Verteile Wiederholungen über längere Zeiträume. Dies bringt mehr Nutzen als zahlreiche unmittelbar aufeinander folgende Wiederholungen. Hierbei sollte die erste Wiederholung möglichst früh nach dem Lernen erfolgen. Benutze ggf. eine Lernkartei.

<u>Tipp 6:</u> Gliedere den Lernstoff nach logischer Zugehörigkeit bzw. in Teilabschnitte. Das verschafft einen besseren Überblick über das Stoffgebiet, erhöht die Einsicht in Zusammenhänge und erleichtert das Lernen von Details.

<u>Tipp 7:</u> Setze dir Teilziele. Der Lernstoff wird somit überschaubarer und schafft zudem frühzeitige Erfolgserlebnisse, die zusätzlich motivierend wirken.

<u>Tipp 8:</u> Gönne dir regelmäßige Pausen. Auch das Gehirn muss die Gelegenheit erhalten, den Lernstoff zu "verdauen". Pausen sind um so mehr sinnvoller, je mehr sie sich von den einzelnen Lernstoffbereichen unterscheiden. Mache z. B. zwischen

Mathematik und dem Fach Deutsch eine Pause von fünf bis zehn Minuten. Die erste Pause nach Lernbeginn erfolgt etwa nach 30 Minuten für fünf Minuten und nach 60 Minuten für zehn Minuten. Die Pausenzeiten sollten danach alle 30 bis 45 Minuten für weitere fünf Minuten erfolgen und zwischen inhaltlich unterschiedlichen Lernstoffbereichen für etwa zehn Minuten.

<u>Tipp 9:</u> Du kannst Gelerntes um so besser behalten, je mehr Verbindungen bzw. Verknüpfungen mit schon Bekanntem von dir hergestellt werden können. So gibt es in den einzelnen Lernstoffbereichen oftmals Parallelen zum bereits Gelernten.

<u>Tipp 10:</u> Suche dir einen "Sozialpartner", der bereit ist, dich "abzufragen". Er sollte auch in der Lage sein, sich lobend über dich zu äußern, wenn du deine Sache gut gemeistert hast. Lern-Verhaltensweisen lassen sich fördern, wenn sie durch Belohnung und durch Erfolge sowohl am Lernplatz als auch in der Schule bekräftigt werden. Sei aber ebenfalls bereit, deinen "Sozialpartner" zu unterstützen. Somit lässt sich Gelerntes weiter festigen.

Viel Erfolg...!

<u>Erklärung der Fachbegriffe im Überblick:</u>

Adjektiv	Eigenschaftswort
Adverb	Umstandswort
Adverbiale	Umstandsbestimmung
Akkusativ	der 4. Fall (Wen/Was)
Akkusativobjekt	Satzergänzung im 4. Fall
Aktiv	Tätigkeitsform bei Verben
Artikel	Geschlechtswort/Begleiter
Attribut	Beifügung zum Zweck der näheren Bestimmung
Attributsatz	Attribut ersetzender Nebensatz
Adverbialsatz	adverbiale Ausdrücke ersetzender Nebensatz, eingeleitet mit einer Konjunktion
Adversativsatz	Angabe eines Gegensatzes in einem Satz
Dativ	der 3. Fall (Wem)
Dativobjekt	Satzergänzung im 3. Fall
Deklination	Beugung in verschiedene Fälle
Demonstrativpronomen	hinweisendes Fürwort
Deklarationssatz	Aussagesatz
Exklamativsatz	Ausrufesatz
Finalsatz	Absichtssatz
Finale Konjunktion	ziel-/zweckgerichtetes Bindewort
Finitum	Kern der Satzaussage
Flexion	Beugung; Oberbegriff zu Deklination und Konjugation

Funktion	Aufgabe
Futur	Zukunft; Zukunftsform des Verbs
Futur I	Zukunft
Futur II	vollendete Zukunft
Frage-/Relativadverb	Umstandswort der Frage und des Bezuges (z. B. Wohin, Wo Warum, Weshalb)
Genitiv	der 2. Fall (Wessen)
Genitivobjekt	Satzergänzung im 2. Fall
Genus	grammatisches Geschlecht
Gliedsatz	Nebensatz in der Funktion eines Satzgliedes
Hypotaxe	Satzgefüge aus Hauptsatz und Nebensatz oder aus mehreren untergeordneten Nebensätzen; Unterordnung
Imperativ	Befehlsform
Imperfekt/Präteritum	1. Vergangenheit
Infinitiv	Grundform v. Tätigkeitswörtern
Infinitivkonjunktion	Bindewort im Zusammenhang mit der Grundform
Infinitivgruppen, satzwertige	Grundform des Prädikats im Nebensatz
Indefinitpronomen	unbestimmtes Fürwort
Indikativ	Wirklichkeitsform
Interjektion	Ausrufe-/Empfindungswort
Interpunktion	Zeichensetzung
Intonation	Absicht, Bestreben
Interrogativsatz	Fragesatz

Kasus	Fall, in dem ein gebeugtes Wort stehen kann
Kasusselektion	Fallbestimmung eines Hauptwortes durch ein anderes Wort
Kausal	begründend
Kausalsatz	Begründungssatz
Kausaladverb	begründendes Umstandswort
Kausaladverbiale	begründende Umstands-Angabe
Kausale Konjunktion	begründendes Bindewort
Komparativ	Vergleichsstufe
Konditionalsatz	Bedingungssatz
Konditionale Konjunktion	Bindewort, welches Bedingungen angibt
Konjugation	Bildung/Beugung verschiedener Verbformen
Konjunktion	Bindewort
Konjunktionalsatz	Nebensatz, der durch ein (unterordnendes) Bindewort eingeleitet wird; Bindewortsatz
Konsekutivsatz	Folgesatz
Konzessivsatz	Einräumungssatz
Lokal	örtlich
Lokaladverb	Umstandswort des Ortes
Lokaladverbiale	Umstandsangabe des Ortes
Modal	die Art und Weise; das Wie betreffend
Modaladverb	Umstandswort der Art und Weise
Modaladverbiale	Umstandsangabe der Art und Weise

Modalsatz	Angabe der Art und Weise
Modalverben	Tätigkeitswörter, die die Aussage eines Satzes modifizieren
Nomen/Substantiv	Hauptwort
Nominativ	der 1. Fall (Wer)
Numerale	Zahlwort
Numerus	Anzahl; Oberbegriff für Einzahl und Mehrzahl
Objekt	Ergänzung im Satz
Objektsatz	Objekt ersetzend. Nebensatz
Partikel	Oberbegriff für Verhältnis-, Binde- und Umstandswort
Partizip	Mittelwort, Verlaufsform; unbestimmte Verbform
Partizip Perfekt	Verben mit der Endung –t oder –et und meist die Vorsilbe ge–
Partizipalgruppen, satzwertige	Prädikat des Nebensatzes Ist ein Mittelwort
Passiv	Leideform bei Verben
Personalpronomen	persönliches Fürwort
Perfekt	2. Vergangenheit; vollendete Gegenwart
Plural	Mehrzahl
Plusquamperfekt	3. Vergangenheit; vollendete Vergangenheit
Possessivpronomen	besitzanzeigendes Fürwort
Prädikat	Satzaussage
Präposition	Verhältniswort
Präsens	Gegenwart
Präteritum	Vergangenheit

Pronomen	Allgemein für Fürwort
Pronominaladverb	Umstandswort, welches sich aus Adverb und Präposition zusammensetzt
Reflexiv	rückbezüglich
Reflexivpronomen	rückbezügliches Fürwort
Relativpronomen	bezügliches Fürwort
Relativsatz	Nebensatz, der mit Relativ-Pronomen oder Relativadverb eingeleitet wird
Satzglieder	Im Satz relativ frei verschiebbare Einheiten
Singular	Einzahl
Subjekt	Satzgegenstand
Subjektsatz	Subjekt ersetzend. Nebensatz
Substantiv	Hauptwort; Nomen
Substantivierung	Wort aus einer anderen Wortart, welches zum Hauptwort erhoben wird
Syntax	Satzlehre
temporal	zeitlich
Temporaladverb	Umstandswort der Zeit
Temporaladverbiale	Umstandsangabe der Zeit
Temporalsatz	Nebensatz, der die zeitl. Definition des übergeordneten Satzes leistet; Zeitsatz
Tempus	Zeitform
transitives Verb	Verb, das ein Akkusativobjekt bei sich haben kann
Verb	Tätigkeitswort; Zeitwort
Verbaladjektiv	Eigenschaftswort, von einem Tätigkeitswort abstammt

<u>Abkürzungen im Überblick:</u>

Akk.	Akkusativ
bzw.	beziehungsweise
Dat.	Dativ
etc.	et cetera
etw.	etwa
Fem.	Femininum
Gen.	Genitiv
gleichbed.	gleichbedeutend
i. d. R.	in der Regel
Konj.	Konjunktion
Mask.	Maskulinum
Neutr.	Neutrum
Nom.	Nominativ
o. ä.	oder ähnlich
o. Ä.	oder Ähnliche(s)
Pers.	Person
Plur.	Plural
Präp.	Präposition
s.	siehe
s. o.	siehe oben
s. u.	siehe unten
s. R.	siehe Rückseite
S.	Seite
u. a.	und andere
u. a. m.	und andere mehr
u. d. Ä.	und dem Ähnliches
u. dgl.	und dergleichen
u. U.	unter Umständen

u. v. a.	und viele andere
u. v. a. m.	und viele andere mehr
usw.	und so weiter
usf.	und so fort
Wb.	Wörterbuch
w. o.	wie oben
w. u.	wie unten
w. ü.	wie üblich
Wdh.	Wiederholung
vgl.	vergleiche
z. B.	zum Beispiel
z. H.	zu Händen
z. T.	zum Teil
z. Z.	zur Zeit
zeitl.	zeitlich
Ziff.	Ziffer
zzgl.	zuzüglich